SOCIÉTÉ DE L'HISTOIRE DES COLONIES FRANÇAISES

L'ISTHME DE SUEZ

ET

LES RIVALITÉS EUROPÉENNES AU XVIᵉ SIÈCLE

PAR

F. CHARLES-ROUX

PARIS

Au siège de la Société : 28, RUE BONAPARTE.

Extrait de la

.REVUE DE L'HISTOIRE DES COLONIES FRANÇAISES

t. XVII, 1924,

II⁰ trimestre, pages 153-192.

L'ISTHME DE SUEZ

ET

LES RIVALITÉS EUROPÉENNES

AU XVIe SIÈCLE

En ouvrant une nouvelle voie au commerce de l'Europe avec l'Inde et en opérant par là une véritable révolution économique, la découverte du Cap de Bonne-Espérance, en 1498, a exercé une profonde influence sur la politique des états qui participaient à ce trafic et sur leurs relations entre eux. Par là, cette découverte a été la cause déterminante de changements dans les rapports internationaux, tels, qu'on peut les qualifier aussi de révolution poli-

1. SOURCES. — Carlo Bullo, article intitulé *Le canal de Suez, Sixte Quint et les Vénitiens, Gazzetta di Venezia*, appendice, 10 janvier 1870. — R. Fulin, article intitulé *Le canal de Suez et la République de Venise*, revue l'*Archivio Veneto*, 14 juin 1871, tome II de l'année 1871. — Comte Daru, *Histoire de la République de*

tique. Elle a été l'origine de rapprochements entre des états qui s'étaient combattus jusqu'alors, comme Venise et la Turquie ; de rivalités acharnées entre des états qui avaient jusqu'alors vécu en bonne intelligence, comme Venise et le Portugal, ou qui avaient eu peu de points de contact et de friction, comme le Portugal et la Turquie. Ces rivalités sont devenues un des facteurs de la politique européenne ; et même des états qui n'y étaient pas directement impliqués, comme la France, ou des gouvernements qui en étaient encore moins concernés, comme le Saint-Siège, eurent à s'en occuper, pour les exploiter, pour chercher à les apaiser. De grands événements, sans rapport avec elles, comme la conquête du Portugal par l'Espagne eurent cependant pour effet de les déplacer et de les étendre : Venise devint l'adversaire de l'Espagne, quand l'Espagne se fut substituée au Portugal à Lisbonne ; la France voulut tirer parti contre l'Espagne, son ennemie, de l'hostilité des Vénitiens et des Turcs ; au Vatican, où tout aboutissait alors, le Pape s'efforça de ramener la concorde entre les états chrétiens pour les tourner contre l'Infidèle, entendit les confidences des uns et des autres et se trouva même, indirectement, mis au courant de desseins formés à Constantinople.

Venise, 7 volumes, 1819. — Léopold Ranke, *Histoire de la Papauté*, traduction française de Haiber, 4 volumes, 1838. — Ch. de La Roncière, *Histoire de la Marine Française*, 5 volumes, 1919 et sq. — C. Manfroni, *Storia della Marina italiana della caduta di Constantinopoli alla Battaglia di Lepanto*, 1 volume, 1897. — E. Charrière, *Négociations de la France dans le Levant*, 4 volumes, 1860. — E. Alberi, *Relazioni degli Ambasciatori Veneti al Senato durante il secolo decimosesto*, série III, volume III, 1855. — J. Charles-Roux, *L'isthme et le canal de Suez*, 2 volumes, 1901. — H. D. de Grammont, *Un Pacha d'Alger précurseur de M. de Lesseps*, Alger, 1886, brochure. — Calendar of state papers, Venetian, 1581-91. — Archivio di Stato de Venise : correspondance des Ambassadeurs vénitiens à Constantinople et à Rome. Instructions du Sénat aux Ambassadeurs.

Dans ces rivalités, prolongées pendant toute la durée du xvi° siècle, l'isthme de Suez s'est trouvé tout naturellement introduit et a joué, par intermittence, un rôle qui annonce celui auquel il était destiné dans les concurrences économiques et les antagonismes politiques des xvii°, xviii° et xix° siècles. Le rôle dé l'Égypte, dans les mêmes compétitions, exigerait, pour être retracé, l'exposé des relations entretenues avec ce pays par les divers compétiteurs, cé qui mènerait loin. Celui de l'isthme proprement dit, — pour autant que l'isthme peut être isolé de la vallée adjacente, — est infiniment plus modeste : il tient tout entier dans quelques suggestions, quelques projets. Mais l'intérêt de ces projets n'est pas médiocre, si l'on y voit apparaître pour la première fois, ou plutôt reparaître après une très longue éclipse, l'idée de percer un canal de jonction entre la Mer Rouge et la Méditerranée.

Le mieux préparé des états européens à comprendre l'importance de l'isthme de Suez et à concevoir l'idée de son percement était alors Venise. La sérénissime République détenait la majeure partie du commerce de l'Inde avec l'Europe ; elle était comme le fournisseur attitré de l'Occident en marchandises de l'Inde, qu'elle tirait principalement de l'Égypte. Elle était donc, de toutes les nations commerçantes, la plus directement atteinte par la découverte de la route nouvelle, celle du Cap, qui allait détourner vers l'Atlantique, au bénéfice des Portugais, le trafic jusqu'alors entretenu, au bénéfice des Vénitiens, par la Mer Rouge, Suez, Alexandrie et la Méditerranée. Elle avait un intérêt primordial à maintenir ce trafic sur sa voie traditionnelle, ou à l'y ramener s'il commençait de s'en détourner, et devait être en quête des moyens d'atteindre ce but, qui ne pouvait l'être que de deux manières : en diminuant les frais et en abrégeant la durée de l'ancien trajet. Aucun état enfin n'était mieux placé pour tenter cette chance, aucun n'ayant des relations plus suivies avec le gouvernement de l'Égypte, encore indépendante de la Turquie.

Les relations commerciales de Venise avec l'Égypte étaient aussi anciennes qu'actives et avaient, depuis longtemps, entraîné des rapports politiques avec le souverain régnant au Caire et désigné, dans la langue diplomatique du temps, par le titre de *Soudan*. Elles avaient toujours détourné la République d'écouter les préventions, encore très répandues dans le monde chrétien, contre les rapports d'amitié avec les cours musulmanes et de céder, en ce qui concerne la dynastie mameluk d'Égypte, maîtresse de la Palestine, aux suggestions de l'esprit de croisade, pourtant resté vivace dans les pays de chrétienté bien au-delà du moyen-âge. Par contre, la source d'intérêts matériels que l'Égypte représentait pour les Vénitiens l'avait de bonne heure fait apparaître à certains d'entre eux comme le pays par excellence où une croisade pourrait tourner à leur profit, en leur faisant réaliser une précieuse acquisition. En 1312, Marin Sanuto Torsello, dans ses *Secreta Fidelium Crucis*, dédiés au Pape, avait lancé un appel en faveur d'une expédition militaire, qui eût été préparée à Venise, et dirigée contre le Soudan du Caire : ainsi la chrétienté aurait récupéré la Terre-Sainte et Venise acquis l'Égypte. Dès le commencement du xive siècle, l'idée de conquérir l'Égypte s'était donc présentée à l'esprit de certains Vénitiens, mais non pas celle de percer l'isthme de Suez, d'y pratiquer un canal ou de remettre en état un des canaux qui avaient existé sous les Pharaons, les Romains et les Khalifes. A un travail de ce genre, Marin Sanuto Torsello ne fait pas, en effet, la moindre allusion, encore que son ouvrage entretînt le Souverain Pontife du commerce qui enrichissait le Soudan du Caire, et que le trafic des marchandises de l'Inde fût un des éléments de prospérité les plus propres à rendre son projet tentant, du point de vue pratique. C'est seulement en forçant les textes et en y ajoutant qu'on a pu découvrir dans le sien l'idée d'écourter la durée du trajet entre la Méditerranée et la Mer Rouge, d'ouvrir une communication de l'une à l'autre ou de Suez au Nil, enfin d'aménager l'isthme de quelque manière que ce soit : cette idée n'y est pas exprimée [1].

Pour la voir paraître à Venise, ou du moins pour en relever la trace, il faut franchir presque deux siècles et arriver précisément au moment où les conséquences du voyage de Vasco de Gama jettent le trouble dans les opérations commerciales des Vénitiens et l'alarme dans l'esprit de leurs gouvernants.

. Ce n'est pas immédiatement que la découverte du Cap de Bonne-Espérance et les traversées des Portugais entre Lisbonne et l'Inde ont opéré leur effet sur la politique extérieure de Venise. Jusqu'en 1502, la sérénissime République ne change rien à ses rapports d'amitié avec le Portugal, ni à ses rapports d'hostilité chronique avec la Turquie. Dans cet intervalle de quatre années, on la voit encore chercher à entraîner les Portugais dans une guerre contre les Turcs et joindre, en 1501 et 1502, ses escadres à celles de la France, pour faire campagne ensemble dans les mers du Levant contre la marine ottomane. Mais, en 1502, elle rappelle son ambassadeur de Lisbonne et le transfère à Madrid, rompant ainsi les relations diplomatiques avec le Portugal, en un moment critique pour ce

---

1. Entre autres, le C⠀ᵉ Daru, dans son *Histoire de Venise*, fait dire à Torsello ce que celui-ci n'a pas dit : Qu'il n'était pas impossible d'établir une communication entre la Mer Rouge et le Nil.

pays. D'autre part, la même année est la dernière où elle combatte, aux côtés de la France, contre l'Islam. Ce double revirement, rupture avec le Portugal et rapprochement avec la Turquie, est dû à la menace qu'elle a alors sentie peser sur elle, « depuis que le voyage de Gama déplaçait l'axe commercial du monde ». [1] En décembre 1502, le Conseil des Dix a reconnu que, « de tous les événements dangereux, il n'y en a pas de plus grave que le doublement du Cap ». [2] Et cette constatation est l'origine de mesures administratives et d'efforts diplomatiques, dont le but est d'obvier aux inconvénients que la découverte de Gama a entraînés pour la prospérité commerciale de l'Etat vénitien. C'est d'abord la nomination de la *Giunta delle Spezierie*, dont le nom indique l'objet : ce « Comité des épices » sera chargé d'étudier et de suggérer les moyens de conserver ou de rendre à Venise le bénéfice de son quasi-monopole pour la fourniture des produits de l'Inde, dont les épices sont alors l'article principal. C'est ensuite, et pour la même raison qui détermine la rupture avec le Portugal et le rapprochement avec la Turquie, un resserrement de relations avec le Soudan du Caire. Un ambassadeur, Sanudo, lui est envoyé. En décembre 1502, la Seigneurie écrit à son représentant en Égypte de pousser le Soudan à susciter des difficultés aux Portugais aux Indes, en agissant contre eux par la Mer Rouge, et à abaisser le prix des produits de l'Inde, ces précieuses « épices », sur le trafic desquelles veille désormais, à Venise, un comité spécial. L'un et l'autre moyen n'étaient pas mal imaginés. Car le second, qui fit du reste, par la suite, l'objet des principaux efforts de la diplomatie vénitienne, visait à diminuer l'écart entre le prix des marchandises de l'Inde,

1. La Roncière, *Histoire de la Marine Française*, tome III, page 57.
2. R. Fulin, article cité de l'*Archivio Veneto*.

achetées en Égypte, et celui des mêmes articles apportés
en Europe par le Cap. Quant au premier, qui fut mis à
l'épreuve, l'efficacité faillit bien en être démontrée par le
fait, puisqu'une victoire navale des Égyptiens, en 1508,
compromit un instant la fortune des Portugais, à qui
Almeida donna leur revanche, l'année suivante, en écra-
sant à Diu la flotte du Soudan du Caire.

Mais avant que les instances de l'ambassadeur eussent
pu décider le Soudan à diminuer ses droits de douane,
sacrifice toujours très difficile à arracher à la fiscalité des
gouvernements d'Orient et même d'Occident ; avant
qu'elles l'eussent déterminé à expédier sa flotte dans les
eaux de l'Inde, pour s'y mesurer avec celle des Portugais, Venise avait continué à souffrir dans son commerce
des progrès que ses concurrents faisaient dans le leur.
Les Dix voyaient avec perplexité continuer les traversées
de Lisbonne aux Indes, des comptoirs portugais surgir
sur la côte de l'Hindoustan, le courant commercial qui
avait fait la richesse de la République dévier vers les
ports de l'Atlantique. En 1504, deux ans après avoir
tracé, dans leurs instructions à Sanudo, le programme
d'une action diplomatique dans laquelle ils devaient
effectivement persévérer pendant nombre d'années, ils
avaient délibéré d'envoyer au Caire un nouvel ambassadeur et fait choix pour cette mission de Francesco Teldi.
C'est en discutant les instructions dont ils muniraient ce
nouveau représentant que l'idée leur vint de faire proposer par lui au Soudan du Caire le percement de l'isthme
de Suez. La minute de leur projet d'instructions pour
Teldi, écrite par le secrétaire qui consignait leurs délibérations et leur en soumettait la rédaction, et conservée
dans les Archives historiques de Venise, contient ainsi
la première manifestation de l'idée de rouvrir une com-

munication maritime entre la Méditerranée et la Mer
Rouge, ou plutôt, pour être tout à fait exact, le premier
témoignage de cette idée qui ait été écrit et soit venu
jusqu'à nous, car il est évident que cette idée devait
exister avant le moment où les Dix s'en avisèrent pour en
faire l'objet d'une négociation, et il est possible qu'elle ait
été, antérieurement, consignée par écrit dans quelque
mémoire ou quelque ouvrage, qui se soit perdu ensuite.
En tout cas, on n'en connaît pas de témoignage antérieur
dans les annales de Venise, et pas davantage, à ce que
nous savons, dans celles d'aucun autre pays, depuis
qu'avait été comblé le canal encore en usage sous les
Khalifes. Nous sommes donc bien en présence de la
première manifestation connue, tant à Venise qu'ailleurs,
du dessein de rétablir cet ouvrage, ou même d'en creuser
un qui reliât encore plus directement les deux mers.

Le passage suivant des instructions rédigées pour
Teldi définit la négociation que les Dix avaient d'abord
délibéré de comprendre parmi les objets de sa mission :

« Il est une chose que nous ne voulons pas omettre,
rappelée par beaucoup comme une mesure extrêmement
opportune pour empêcher et interrompre du tout au tout
la navigation des Portugais : à savoir que, avec beaucoup
de facilité et en très peu de temps, on pourrait faire un
canal qui, partant de la Mer Rouge, conduisît directement
de là en cette mer-ci, comme il fut d'autres fois question
de le faire. On pourrait rendre ce canal sûr au moyen de
deux forteresses construites à ses deux embouchures, de
manière que d'autres n'y puissent pas entrer ou n'en
puissent pas sortir, à l'exception de ceux que voudrait le
seigneur Soudan. Une fois ce canal fait, on pourrait
envoyer autant de navires et de galères qu'on voudrait
pour chasser les Portugais, qui ne pourraient en aucune

façon paraître dans ces mers. Nous considérons que ce canal serait d'une grande sécurité au pays du seigneur Soudan et y donnerait une utilité infinie.

« C'est pourquoi nous voulons que, non pas dans la première audience que tu auras du seigneur Soudan, mais dans une autre audience, avec grande dextérité et à quelque bonne occasion, raisonnant des mesures nécestaires comme ci-dessus. tu dises que beaucoup ici rappellent ce canal, en ayant l'air toutefois de rapporter plutôt l'opinion d'hommes experts en la matière, qu'aucun dessein ferme ou aucun souvenir de notre part, afin que le seigneur Soudan ne puisse prendre aucun ombrage ni supposer que nous faisons une telle requête à notre utilité particulière et à son propre dommage ou au péril de son état. Et cependant tu t'efforceras de la proposer de telle manière que ta proposition soit acceptée en bonne part, et par dessus tout tu feras entendre combien il résulterait de bien du susdit canal » [1].

Du passage que nous venons de citer, il résulte d'abord que les Dix songeaient bien réellement à suggérer au Soudan le percement de l'isthme de Suez, et qu'ils avaient été conduits à prendre cette résolution par la découverte du Cap de Bonne-Espérance, qui leur avait fait sentir, au bout de quelque temps, la nécessité d'un trajet maritime plus rapide de l'Inde à la Méditerranée. Il en résulte ensuite que l'idée, qu'ils faisaient leur et incorporaient en quelque sorte à leur politique, n'était pas absolument nouvelle. Les membres de phrase, « une chose rappelée par beaucoup comme une mesure extrêmement opportune », « comme il fut d'autres fois question de le faire », « tu diras que beaucoup ici rappellent ce

1. Cf., R. Fulin, article cité de l'*Archivio Veneto.*

canal », etc., etc., ne permettent pas de mettre en doute
qu'il s'agît en réalité, non d'une inspiration subite, mais
d'une réminiscence, d'une notion déjà existante à Venise,
et dont seule l'adoption par le gouvernement était nouvelle. On peut donc avec certitude inférer des termes
mêmes de ce projet d'instructions que l'idée du percement de l'isthme de Suez avait flotté dans l'air de Venise,
avant 1504, et que les Dix l'avaient simplement fait
passer du domaine privé au domaine public, du terrain
des conversations et des correspondances particulières à
celui des délibérations officielles. Dans le domaine public
et sur le terrain officiel, cette grande idée ne devait pas,
comme nous allons le voir, parcourir une longue carrière.

Les instructions que les Dix voulaient donner à leur
ambassadeur au Caire se terminaient par le paragraphe
concernant le creusement d'un canal à travers l'isthme
de Suez ; mais ce paragraphe est biffé sur la minute, où
on peut encore le lire, et il ne figure pas dans le texte
des instructions définitives, transcrites sur le registre où
les documents de cette nature étaient ensuite recopiés. Il
suit de là qu'après une seconde délibération, à laquelle le
Conseil dut procéder sur la minute des instructions pré-
parées pour Teldi, il résolut d'en retrancher ce paragraphe
et renonça à faire effectuer au Caire la démarche à
laquelle il avait d'abord songé. Pourquoi ? On en est ici
réduit aux hypothèses ; mais le texte même du passage
supprimé permet d'en faire d'assez plausibles. Le lecteur
aura certainement remarqué avec quelles précautions
infinies Teldi aurait dû, si ses instructions lui eussent été
maintenues, présenter au Soudan du Caire la suggestion
de faire creuser un canal entre la Méditerranée et la Mer
Rouge : non pas dans sa première audience, mais seulement dans une audience suivante ; non pas comme

une proposition officielle, mais comme une proposition personnelle, on serait tenté de dire comme une insinuation ; sans s'autoriser d'aucun dessein, désir ni souvenir de la Seigneurie, mais seulement de l'opinion de Vénitiens experts en la matière ; bref, en s'y prenant de manière à n'éveiller aucune défiance de son interlocuteur. Il est visible que, même lorsqu'ils avaient décidé de faire insinuer cette suggestion au souverain de l'Égypte, les Dix s'étaient préoccupés de ne pas effaroucher « le seigneur Soudan ». Sans doute est-ce la même considération qui les fit renoncer à leur projet ; ils durent craindre que, même entourée des précautions les plus ingénieuses, une proposition de percement de l'isthme ne parût toujours une requête et n'inspirât au Soudan des soupçons sur les intentions de Venise par rapport à l'Égypte : ce qui aurait pu être très préjudiciable aux intérêts vénitiens. D'ailleurs, une fois un canal percé à travers un territoire soumis au pouvoir du Soudan du Caire, souverain fantasque et quinteux, ne pouvait-il arriver que ce despote en interdît l'accès aux navires vénitiens, à peine aurait-il un grief contre la République ? Les Vénitiens ne pouvaient-ils pas être, un jour, au nombre de ceux que le seigneur Soudan ne voudrait pas laisser se servir de ce canal, dont il tiendrait et pourrait fortifier les deux embouchures ? Quelque méfiance à l'endroit du guichetier éventuel dut opérer, sur l'esprit des Dix, dans le même sens que la crainte de le mettre lui-même en méfiance.

Toujours est-il que l'éphémère projet fut abandonné. Rien de tel ne fut proposé ni insinué par Venise au Soudan du Caire, ni par Teldi, qui ne partit même pas pour l'Égypte, ni par l'ambassadeur désigné pour le remplacer, Bernardino Giova. Il est donc tout à fait inexact de prétendre, comme la tradition verbale s'en établit à Venise, que la République a « proposé » le percement de l'isthme de Suez. Elle ne l'a pas plus « proposé » au Soudan, en 1504, que Marin Sanuto Torsello ne l'avait proposé au Pape en 1312, ou que les Dix ne le proposèrent plus tard à Sixte Quint, ainsi qu'on l'a aussi faussement allégué. La vérité est que le Gouvernement vénitien avait seulement songé, en 1504, à faire cette proposition au Soudan et qu'il y avait aussitôt renoncé. La tradition déformée à laquelle nous venons de faire allusion ne repose sur rien d'autre que sur le projet abandonné, dont la trace subsiste dans un paragraphe de la minute des instructions destinées à Teldi, paragraphe biffé sur cette minute même et retranché ensuite du texte définitif. Elle repose évidemment aussi sur les délibérations officielles et sur les discussions privées que suppose nécessairement la rédaction d'un passage comme celui qui fut alors écrit et annulé, en un mot sur le fait que l'idée en fut certainement agitée, avant d'être très provisoirement adoptée. Lorsque le canal actuel eut été ouvert à la navigation, en 1869, et que partout on se mit en quête des antécédents de cette grande entreprise, des érudits vénitiens voulurent vérifier les bases de la tradition diffuse dans leur cité, d'après laquelle la Sérénissime aurait été une des devancières de Ferdinand de Lesseps : leurs recherches, qui ont épuisé le sujet, aboutirent précisément aux résultats que nous avons résumés.

La Seigneurie ne reprit jamais le projet auquel elle avait si rapidement renoncé ; et si elle envoya, par la suite, maint autre ambassadeur au Soudan du Caire, jamais ses ambassadeurs, Bernardino Giova en 1504, Aloïse Sagondino en 1505, Trevisan en 1510, n'eurent à traiter du percement de l'isthme de Suez, bien que les objets commerciaux de leur mission fussent toujours en rapport avec le trafic des marchandises de l'Inde. En 1512 intervint même un traité de commerce entre Venise et l'Égypte : depuis que la victoire navale des Portugais sur la flotte du Soudan avait fait perdre l'espoir de détruire leur puissance par la force et de les chasser d'Extrême-Orient, c'était uniquement dans l'abaissement des droits de douane à Suez et dans des facilités commerciales au Caire et à Alexandrie que Venise voyait le moyen de compenser ou de pallier les avantages que ses rivaux retiraient de la route maritime du Cap. Mais ce moyen ne comportait plus aucun aménagement de l'isthme, par où les marchandises en provenance de la mer Rouge étaient transportées, à dos de chameau, entre Suez et le Caire.

L'attention que Venise porte alors à l'Égypte se retrouve, quoique moindre et moins soutenue, de la part d'autres états d'Europe : l'Espagne, la France. En 1501, Ferdinand le Catholique envoie à Alexandrie l'humaniste Pierre Martyr, afin d'observer l'état des choses en Orient et de négocier un accord avec le Soudan du Caire, menacé par les Turcs. Au cours des années suivantes, le Consul français à Alexandrie, par des démarches réitérées auprès du roi Louis XII, essaye de provoquer l'envoi d'une expédition en Syrie, qui est alors une dépendance de l'Égypte. Il est écouté et, en 1510, à la suite de vexations infligées par le Soudan Kansoun-el-Ghouri aux chrétiens de ses états, Louis XII songe à agir par les armes et sollicite même le concours du roi d'Écosse, Jacques IV, qui le lui accorde. Puis, l'affaire s'étant arrangée et les intentions du roi de France modifiées, une nombreuse ambassade française est, en 1511, dépêchée vers Kansoun-el-Ghouri : « et l'on se fera une idée de l'intérêt alors porté aux affaires d'Orient, par ce fait qu'un des voyageurs, frère Jean Thenaud, avait ordre de pousser jusqu'en Perse, jusqu'aux Indes ; il tenait sa mission de François d'Angoulême, l'héritier présomptif du trône » [1]. Il est bien difficile de ne pas voir, dans cette attention donnée à l'Égypte, entre 1501 et 1512, un effet des préoccupations et des rivalités qui agitaient le monde occidental, depuis le voyage de Gama et l'établissement des Portugais aux Indes, et qui ramenaient les esprits vers le Levant, moins à cause du Saint-Sépulcre et de la foi chrétienne, qu'en raison des commodités que l'Égypte et la Syrie offraient ou étaient censées offrir pour communiquer avec l'Inde et concurrencer le Portugal. C'est là ce qu'indique l'historien de la marine française quand, à propos de la velléité éprouvée par Louis XII de tourner ses armes contre Kansoun-el-Ghouri, il écrit : « de l'isthme de Suez et des pays limitrophes nous songeâmes à nous emparer, sous le couvert d'une croisade » [2].

Peu d'années restaient à l'Égypte, pour jouir de son indépendance, à l'époque où purent se rencontrer au Caire des ambassadeurs du roi de France et de la République de Venise. En 1517, le Sultan de Turquie commençait la conquête des états du Soudan du Caire et, en peu de temps, Syrie, Palestine et Égypte tombaient sous le joug ottoman. Les Turcs songèrent-ils alors au percement de l'isthme de Suez ? L'entreprirent-ils ? On devrait répondre à ces questions par l'affirmative, si l'on ajoutait foi au témoignage d'un voyageur vénitien, dont un passage a été cité par des érudits de sa patrie et reconnu par l'un d'eux comme « une notable citation ». Ce voyageur

1. La Roncière, *Histoire de la Marine Française*, T. III, page 59.
2. La Roncière, *Histoire de la Marine Française*, T. III, page 58.

s'appelait Luigi Roncinotto et, écrivant entre 1529 et
1532, a raconté ce qui suit :

« Puis, continuant mon chemin, j'arrivai au fleuve
Nil et de là à la Mer Rouge, en un port nommé Tor, où
je trouvai beaucoup d'ingénieurs envoyés par le seigneur
Turc. Ces ingénieurs gardaient une fosse, qui, à ce que
j'ai compris, s'en allait autrefois de la Mer Rouge au Nil :
laquelle fosse était longue de soixante milles italiens et
large de cent pieds ; et les habitants de ces lieux m'affir-
mèrent que cette fosse avait été commencée par les
anciens Ptolémées, rois d'Égypte, mais n'avait pas ensuite
été achevée, la crainte s'étant fait sentir que, par là, la
Mer Rouge ne submergeât l'Égypte. Le Grand-Seigneur
ottoman continuait donc le creusement du susdit canal,
de manière que les caravelles chargées d'épices pussent
venir de l'Inde jusqu'à Alexandrie et de là à Constantinople ; et à cet ouvrage étaient alors employés 12.000 ma-
nœuvres, qui se hâtaient de creuser ledit canal. »

Dans un autre passage le même Roncinotto raconte
encore : « J'allai à Péluse, et dans ce lieu je trouvai
20.000 ouvriers, qui étaient occupés à creuser une
fosse, autrefois faite, disaient-ils, par les glorieux Romains,
et longue de soixante milles italiens. Et l'on disait que
par ce canal, de la Mer Rouge au Nil et jusqu'à
Alexandrie, les caravelles de l'Inde chargées d'épices ve-
naient en Italie. Je vis dans le lit de ce canal beaucoup de
vestiges ; l'on avait creusé déjà environ vingt milles » [1].

Faut-il donc conclure de ce témoignage, le seul qu'on
possède à ce sujet, que, peu de temps après avoir établi
sa domination sur l'Égypte, le sultan de Turquie entre-
prit le percement de l'isthme de Suez, la remise en état

---

[1]. Ces deux extraits de Roncinotto sont donnés dans l'article cité
de R. Fulin.

d'un des canaux ayant existé antérieurement ? Le fait en
lui-même n'aurait absolument rien d'invraisemblable, la
Turquie, à cette époque, étant dans toute sa vigueur et sa
puissance, ayant pour souverains des sultans énergiques
et entreprenants, et d'autre part, l'idée de percer l'isthme
de Suez s'étant manifestée à Constantinople, comme nous
le constaterons d'ici peu. Les invraisemblances résident
plutôt dans le témoignage même de Roncinotto que dans
le fait dont il prétend avoir été témoin. D'abord, son
récit n'est confirmé, corroboré par aucun autre ; et qu'un
travail de cette importance, nécessitant un pareil déploie-
ment de main-d'œuvre, ait passé complètement inaperçu de toute autre personne qu'un voyageur vénitien,
c'est déjà bien peu plausible. Ensuite, toute cette érudition, les Ptolémées, les « glorieux Romains », est bien
suspecte, attribuée aux habitants du pays ou aux Turcs
rencontrés sur les lieux, et fait l'effet d'être plutôt de
l'érudition personnelle à Roncinotto. Puis, Tor, petit port
situé dans la presqu'île du Sinaï, aurait été un point de
départ bien inexplicable pour un canal de jonction entre
la Mer Rouge et la Méditerranée, alors que Suez était le
point de départ naturel d'un tel ouvrage.

Enfin, que l'entreprise eût été, non seulement mise en
train, mais déjà assez avancée, cette circonstance rendrait
encore plus invraisemblable que tout le monde, sauf
Roncinotto, l'eût ignorée. Il y aurait donc toutes chances
pour que la « notable citation », constituée par les lignes
de ce voyageur vénitien, se réduisît en dernière analyse à
un notable mirage, si une présomption contraire ne
naissait d'une phrase glissée incidemment dans une
dépêche d'un ambassadeur de France à Constantinople,
longtemps après le moment où Roncinotto avait fait et
raconté son voyage. Écrivant en 1586 et rapportant à sa

Cour une velléité que les Turcs eurent alors de rétablir
un canal entre la Méditerranée et la Mer Rouge, Savary
de Lancosme, ambassadeur de Henri III auprès du sultan,
a noté en effet : « Ils (les Turcs) disent que Sultan
Soliman avait eu ce dessein et toutefois, l'ayant commencé, l'avait laissé. » Or Sultan Soliman, c'est-à-dire
Soliman le Magnifique, est précisément le souverain qui
régnait sur l'empire ottoman à l'époque où Roncinotto
visita l'Égypte. Malgré toutes les invraisemblances offertes
par le récit de celui-ci, ou ne peut pas ne pas être frappé par
la coïncidence de ces deux faits : voyageant sous le règne
de Soliman, il prétend avoir vu des travaux de creusement
d'un canal de jonction, en cours d'exécution ; cinquante
ans après, un diplomate étranger constate qu'il existe à
Constantinople une tradition, d'après laquelle Soliman
aurait entrepris, puis abandonné cet ouvrage [1].

Les voyages de Roncinotto furent publiés à Venise en
1545. Ils ne semblent pas avoir ramené l'attention des con-
citoyens de l'auteur sur le projet que leur rappelait un épi-
sode, vrai ou imaginaire, de son récit. Rien n'indique non
plus que les Dix aient, soit après, soit avant la publica-
tion du livre, fait vérifier l'exactitude du rapport de leur
compatriote, touchant l'entreprise d'un ouvrage qui eût
intéressé au premier chef le commerce vénitien. Et ces
deux circonstances sont aussi pour faire douter de la
véracité de Roncinotto. Dans l'état actuel des recherches
sur ce point, on hésite à dire si ce touriste, enfant de la
place Saint-Marc, fut ou ne fut pas doué d'une imagination à rendre jaloux ses semblables nés sur la Cannebière.

Il faut arriver jusqu'au dernier quart du seizième siècle
pour rencontrer, non plus à Venise, mais cette fois en

1. Nous citerons plus loin, à sa date, la dépêche de Savary de
Lancosme qui contient cette phrase.

France, une suggestion tendant à se servir de l'isthme de Suez afin d'obtenir un résultat politique et économique. Encore ne sera-ce qu'une suggestion, présentée au roi de France par un de ses sujets et demeurée sans aucune suite ; et encore l'isthme de Suez n'en sera-t-il qu'un des éléments fondamentaux, parmi divers autres. Nous voulons parler du « discours » de Du Plessis-Mornay « touchant les moyens de diminuer l'Espagnol », adressé par lui à Henri III le 24 avril 1584. La France était alors en guerre avec Philippe II d'Espagne, qui, par la victoire navale des Açores, le 26 juillet 1582, avait ruiné les espoirs placés par Catherine de Médicis et son fils dans une expédition maritime pour disputer à leur rival la possession du Portugal et des colonies portugaises. De l'empire colonial portugais subsistaient pourtant encore les Indes orientales, et c'était assez pour que Du Plessis-Mornay, ne considérant pas la partie comme irrémédiablement perdue, indiquât à son maître un moyen de la gagner. « Son plan, d'une simplicité et d'une hardiesse également admirables, ne comportait ni grands frais, ni grand'peine, une négociation d'un an au plus, que facilitait la présence à Paris d'officiers ou pilotes venus des Indes par voie de terre, par Tripoli de Syrie. C'était de redresser l'axe commercial du monde, en ramenant vers Suez, l'Heroum Portus des Anciens, le trafic des épices et des produits d'Extrême-Orient, que les Portugais avaient dérivé vers l'ouest par le périple africain. La fortune d'une nation était liée à ce trafic : il avait enrichi Gênes et Venise, lorsqu'il empruntait la voie de la Mer Noire ou des Echelles du Levant ; et les Anglais cherchaient à l'accaparer, en lui ouvrant une nouvelle voie par l'Obi et la Mer Glaciale. Rendre au lac méditerranéen sa fonction primitive, en faire de nouveau le bassin central du monde, c'était servir, au détriment de l'Espagne, tous les intérêts ; c'était entraîner Venise dans l'orbite de notre politique économique, en relevant son opulence ; c'était combler les vœux des Turcs, en ouvrant le passage de la Mer Rouge et de Suez au grand courant commercial entre le Levant et les pays du Nord, que le sultan rêvait de créer ; les denrées de l'empire turc, transitées par Marseille et Bordeaux pour éviter le traquenard du détroit de Gibraltar, eussent gagné Anvers, alors au pouvoir du frère du roi de France, où des négociants ottomans comptaient fonder un grand entrepôt. Cela fait, de Gibraltar on fermerait la porte aux convois espagnols qui amenaient au fond de l'ancien continent les produits des Indes d'Orient et d'Occident. Pour couper les communications de l'Espagne avec l'Italie, la Sicile et autres pays de l'Est, une « personne de qualité » avait formé le projet de s'emparer de Majorque. Interdire au pavillon espagnol l'accès des mers intérieures, barrer le Sund, comme le détroit de Gibraltar, en faisant appel aux amitiés danoises, occuper les isthmes, Suez comme Panama, tel était l'admirable plan de Du Plessis-Mornay pour réduire à merci notre redoutable adversaire » [1]. On voit que Suez n'est, pour ainsi dire, qu'une des pièces de ce plan grandiose d'occupation des isthmes et des détroits, mais une maîtresse pièce ; on voit aussi qu'il se fût agi d'occuper, entre autres positions, l'isthme de Suez pour s'en servir contre les Espagnols et à leur exclusion, l'auteur ne dit pas en le coupant, mais en le faisant franchir aux marchandises de l'Inde. Mais le projet de Du Plessis-Mornay resta à l'état de proposition ; « trop grandiose pour être apprécié d'un roi aussi faible que

1. La Roncière, *op. cital.*, t. IV, p. 201 à 206.

Henri III », peut-être bien l'eût-il été aussi pour des monarques plus forts et plus entreprenants, car on doit convenir qu'il était vaste. Quoiqu'il en soit, la raison d'être en disparut bientôt, car la Ligue, où prévalait l'influence espagnole, asservit un an plus tard la politique étrangère du Roi Très-Chrétien à celle du Roi Catholique.

C'est en Turquie que l'idée d'utiliser l'isthme de Suez devait ensuite, se manifester à peu de temps de là, et c'est à un Turc qu'il était réservé de songer à perforer cet isthme.

Nous venons de voir qu'il existait en Turquie, chez des marchands ottomans et levantins et jusque dans le gouvernement, un désir de ramener vers la Méditerranée, vers les routes commerciales qui passaient par des terres et des eaux turques, le courant des échanges entre les pays d'Occident et ceux d'Extrême-Orient. C'est ainsi que le projet de Du Plessis-Mornay avait pu faire état du service qu'il aurait rendu à la Turquie et du concours qu'il aurait pu recevoir d'elle ; ainsi, que des négociants ottomans avaient, en 1582, fait des ouvertures au duc de Brabant, pour établir à Anvers un grand entrepôt de marchandises des Indes ; ainsi, enfin, que le roi de France, après la conquête du Portugal par l'Espagne, avait fait appel, pendant plusieurs années, à l'assistance du sultan de Turquie contre Philippe II. La découverte du Cap de Bonne-Espérance et l'ouverture de la nouvelle voie d'accès aux Indes, qui eussent fait de la Turquie l'adversaire du Portugal, si ce pays n'avait presque aussitôt perdu son indépendance, firent de la Turquie l'adversaire de l'Espagne, parce que l'Espagne se substituait au Portugal, s'emparait des colonies portugaises et tirait parti de la découverte de Gama. Comprenant cette opposition d'intérêts, la diplomatie française, de 1581 à 1586, chercha à la transformer en hostilité déclarée, ou, faute de

mieux, à obtenir du gouvernement ottoman des services
en faveur des établissements portugais qui se défendaient
encore dans l'Inde. En 1581, l'ambassadeur de Henri III à
Constantinople, Germigny, suit avec intérêt les velléités
turques d'attirer vers les territoires ottomans le commerce
des comptoirs portugais de l'Inde, auxquels les escadres
espagnoles coupent les voies et les débouchés de l'Occident. Il rend compte des rapports qui se nouent entre le
gouvernement du sultan et certains Juifs portugais, pour
inviter les Portugais « des Indes Orientales, du Royaume
d'Ormuz, isles et ports du Levant despendans du Royaume
de Portugal, à venir trafiquer aux ports et échelles de
Sa Hautesse, en Égypte et Sorie, leur offrant tout bon
traitement et accueil où ils y consentiraient »[1]. En 1582,
il travaille à obtenir l'assistance navale de la Turquie
contre l'Espagne, dans l'expédition que la France
se préparait alors à diriger sur les Açores, et, comme ce
dessein rencontrait un obstacle dans la guerre existante
entre l'empire ottoman et la Perse, il souhaite la fin de
cette guerre et épie les symptômes d'une réconciliation[2].
Il reste toujours attentif et favorable aux possibilités de
relations commerciales, par Bassorah et Bagdad, entre
les marchés ottomans et les possessions portugaises
d'Extrême-Orient. La France a donc contribué à entretenir et à attiser, dans le gouvernement de Constantinople, un sentiment d'hostilité à l'Espagne et un
désir de contrecarrer les efforts espagnols pour l'accapa-
rement du commerce des Indes orientales. Sans réussir
complètement à ses fins, elle a pourtant vu se développer
une rivalité hispano-turque, qui a continué à se mani-

1. Germigny à Henri III. 30 septembre 1581. Cf. *Négociations de
la France dans le Levant*, t. IV, p. 82, note 1.
2. *Négociations de la France dans le Levant*, t. IV, p. 120-1, n. 1.

fester même au-delà du moment où Philippe II a, par l'intermédiaire de la Ligue, dominé la politique de Henri III.

En juin 1586, l'ambassadeur de France à Venise rapportait à Henri III une nouvelle qu'il jugeait fort intéressante et qui l'était en effet : c'était celle d'une expédition navale de l'Espagne dans la Mer Rouge. L'avis que cet ambassadeur, M. de Maisse [1], avait lui-même reçu lui disait « qu'il était entré dans le détroit de la Mer Rouge trente que galères, que galléottes, avec quatre galions espagnols, lesquels, sortant du port de Mecca, qui est l'échelle de Hiémen, étaient venus par cette côte-là, faisant de grands dommages, et avaient pris grande quantité d'hommes ». Cette flotte, passant près d'une ville bien peuplée, l'aurait enlevée et pillée et se serait avancée jusqu'à Tor, sur le rivage de la presqu'île du Sinaï ; elle aurait détaché une frégate, qui se serait emparée d'un autre port, peut-être Suez ; les Espagnols de l'expédition se seraient vantés d'attendre une seconde escadre de 40 galères et de 25 navires et auraient annoncé l'intention de fortifier une île située en face d'Aden, c'est-à-dire l'île de Périm, qu'ils disaient avoir été occupée avant eux par les Portugais, comme Aden elle-même ; les indigènes de la côte arabique auraient été épouvantés par les méfaits de cette force navale espagnole et auraient demandé secours à Constantinople, d'où il leur en serait envoyé par l'intermédiaire du chérif de La Mecque ; enfin le chérif de La Mecque aurait avisé de ces insultes espagnoles son suzerain, le Grand-Seigneur, tandis que les autorités turques du Caire, elles aussi informées de la nouvelle, en auraient toutes été « éperdues et étonnées ».

1. *Négociations de la France dans le Levant*, t. IV. M. de Maisse à Henri III, 25 juin 1586.

L'événement narré dans cette information pouvait avoir été exagéré et dramatisé par le correspondant de l'ambassadeur de France à Venise, mais était exact en substance et allait être bientôt confirmé par les ambassadeurs de Venise et de France à Constantinople. M. de Maisse en tirait d'importantes conclusions et en prévoyait de notables conséquences : c'était, à ses yeux, la preuve d'une collusion entre le « Roi de Perse » et le Roi d'Espagne ; ce pouvait être pour le sultan de Turquie une raison de se résoudre à la paix avec le premier, afin de défendre ses possessions contre le second ; la paix turco-persane « pourrait aujourd'hui servir beaucoup parmi les affaires du monde ». « Votre Majesté, disait-il à Henri III, peut juger de ce que je veux dire sans que je m'en découvre davantage ». En réalité, l'entreprise espagnole dans la mer Rouge ne devait pas avoir de si vastes et lointains effets ; mais c'est elle qui allait diriger, pour l'espace d'un moment, l'attention des Turcs sur l'isthme de Suez.

La France était, à la même époque, représentée à Constantinople par Savary de Lancosme. Au mois de juillet 1586, le Capitan-Pacha — c'était le titre donné au Grand-Amiral de Turquie, — fit appeler le premier truchement, ou interprète, de l'ambassadeur de France et lui demanda les bons offices de Henri III pour faire relâcher des prisonniers turcs capturés par le chevalier d'Aumale, prince de la maison de Lorraine, qui naviguait sous la bannière de l'Ordre de Malte. Cette requête amena Savary de Lancosme à aller voir lui-même le Capitan-Pacha, El-Eudj-Ali, dont les correspondances diplomatiques du temps, françaises et vénitiennes, déforment le nom en ceux de Oluchaly, Oloudgali, Ouchaly ou Occhiali ; et après diverses précautions oratoires, celui-ci s'ouvrit à l'ambassadeur d'un projet qui parut être à

Lancosme le véritable motif, pour lequel son interlocuteur avait provoqué l'entretien.

« Je crois, écrivit Lancosme à Henri III [1], que le fondement de cette recherche et paroles naît d'un dessein qu'ils (les Turcs) ont pris, au moins qui se publie, et Oluchaly même m'a dit, qui est qu'il s'en va en Alexandrie avec 25 galères, deux mahonnes et quelques gallions, pour un effet qui me semble impossible ou pour le moins très difficile : qui est d'ouvrir un canal au Caire, tirant à une ville qui s'appelle Uez, sur la pointe du golfe de la Mer Rouge, y ayant distance par un désert sablonneux et sans eau douce de cinq à six journées de chameau, par lequel il veut destourner le Nil et le faire navigable jusques à la Mer Rouge, afin d'ouvrir le chemin à toutes galères et vaisseaux pour aller aux Indes Orientales sans chercher l'Océan. Ils disent que Sultan Soliman avait eu ce dessein, et toutefois l'ayant commencé, l'avait laissé. Maintenant Oluchaly, qui ne demande que à sortir et aller faire ses affaires, ayant trouvé ce sujet sur quelques plaintes qui étaient venues de l'Arabie heureuse et de La Mecque que les vaisseaux espagnols ou portugais qui sont aux Indes étaient parus jusque près de la Mecque, et voulaient faire une forteresse sur le détroit d'Aden, qui serait de très grand préjudice à ce seigneur et à sa réputation, sur cette occasion ils lui ont proposé ce moyen, et tient-on qu'ils lui ont persuadé tellement qu'il leur a accordé le revenu de l'épargne d'Égypte, qui sont 600.000 ducats par an. Ils font état d'y employer 100.000 hommes au travail, 40.000 ânes et 12.000 chameaux pour porter l'eau douce. Ce beau dessein leur a déjà tellement enflé leur vanité

1. Le 25 juillet 1586. *Négociations*, etc... t. IV.

accoutumée, et attisé leur ambition et avarice, qu'il leur semble qu'ils ont déjà les trésors et pierreries de l'Indie, et qu'ils ont mis dans un rets le Perzien ; ils ne mettent en aucun compté l'Espagnol, car ils disent qu'il n'y a que 4.000 hommes. A la vérité, si leur désir et espérance réunissait à faire ce canal, y mettant deux cents galères armées, qu'ils disent, ayant l'Arabie comme ils ont et y tournant la tête sans être empêchés d'ailleurs, ils fermeront la porte à Lisbonne et Espagne de ce côté, et seront pour agrandir et enrichir grandement cet empire. Six mois feront en avoir ou paraître quelque chose de ce dessein. »

Rétablir un canal de jonction du Nil à la Mer Rouge est donc un projet qui « se publiait » à Constantinople, au moment où le Capitan-Pacha en parlait officiellement à l'ambassadeur de France, ainsi — nous le verrons — qu'à celui de Venise. C'est un projet en vue duquel l'escadre turque se disposait à appareiller pour Alexandrie et auquel il était question d'affecter les 690.000 ducats du revenu annuel de l'Égypte. Déjà étaient prévus approximativement le nombre des ouvriers qu'il faudrait demander à la corvée pour l'exécuter et celui des animaux de bât à employer, pour les travaux et pour le ravitaillement d'une armée de travailleurs. Lancosme, tout en déclarant ce projet irréalisable ou très difficile à réaliser, convenait des conséquences qu'en aurait la réalisation, pour le commerce du monde, pour l'équilibre des forces maritimes et politiques, notamment pour la fortune du royaume ibérique, dont les entreprises en Mer Rouge, jusqu'à proximité de La Mecque, avaient bien été la cause déterminante de ce sursaut d'énergie ottomane.

Quel était donc l'homme qui mettait Lancosme au courant de ce beau dessein et qui avait, sans nul doute,

largement contribué à le faire adopter par le Sultan
Mourad ou Amurat III, ne fût-ce, comme l'indiquait
malignement l'ambassadeur de France, que pour y
trouver une occasion de « sortir et d'aller faire ses
affaires » ? Le Capitan ou Capoudan Pacha, Grand-Amiral
de Turquie, que les correspondances diplomatiques du
temps appellent quelquefois Capitaine de la mer, ou
encore Pacha de la mer, était, de par sa fonction, un des
plus grands et puissants personnages de l'empire ottoman ; il prenait rang immédiatement après le Grand-
Vizir, dont il balançait souvent l'influence, à une époque
où la Turquie était encore une puissance maritime de
premier ordre. Mais quand il avait, en outre, une valeur
personnelle et des services à son actif, alors son prestige
et son autorité s'en accroissaient encore, bien qu'il dût,
comme les meilleurs serviteurs de l'empire, continuer à
soigner son crédit auprès du sultan et à mériter la faveur
du maître en lui faisant sa cour. C'était le cas d'El-Eudj-
Ali, qui n'était pas seulement le capitan Pacha, mais qui
était un grand capitan Pacha[1]. Comme beaucoup des
plus habiles marins turcs de cette époque, il était d'origine chrétienne, captif, ancien esclave et renégat. On le
disait né vers 1508, en Calabre, dans une localité dénommée « li Castelli ». Capturé, vers sa vingtième année,
disaient les uns, tout jeune, disaient les autres, par les
corsaires d'un Pacha d'Alger, il avait ramé quatorze ans
comme esclave sur les galères barbaresques. Pour pouvoir
se venger d'un outrage que lui avait fait un soldat, il avait
abjuré le christianisme et « pris le turban », selon l'ex-

---

1. Cf. dans les *Relazioni degli Ambasciatori Veneti al Senato
durante il secolo decimosesto*, les relations de Gianfrancesco Moro-
sini, lue au Sénat, en 1585, et Paolo Contarini, lue au Sénat en 1583.
Cf. aussi *Un Pacha d'Alger, précurseur de M. de Lesseps*, par
L. de Gramont, et *L'isthme et le Canal de Suez*, par J. Charles-Roux.

pression consacrée. Devenu matelot, il n'avait pas tardé à posséder un navire, avec lequel il avait fait campagne contre l'Ordre de Malte et les Vénitiens. A Malte, il avait été jugé digne par les compagnons du célèbre Dragut, Beylerbeg de Tripoli, de succéder à celui-ci, frappé à mort. Héritier des trésors de Dragut et de son pachalik de Tripoli, il avait été nommé par le sultan, en 1568, Beylerbeg d'Afrique et s'était transporté à Alger. L'année suivante, il avait pris Tunis aux Espagnols. A Lépante, il avait sauvé les galères dont il avait le commandement, les seules qui eussent échappé au désastre, ce qui lui avait valu le surnom de « Kilidj » (l'épée) et le grade de Capitan-Pacha. Dans cette haute charge, il avait, depuis 1571, reconstitué les flottes ottomanes, au point d'en faire de nouveau une force navale redoutable. Les ambassadeurs vénitiens, dans les relations qu'ils présentaient au Sénat à leur retour de mission et qui s'étendaient toujours sur la situation de la marine turque, font honneur à El-Eudj-Ali de l'état florissant où celle-ci se trouvait en 1583 et 1585, et qui n'était pas sans les inquiéter. Ils le disent expérimenté, diligent, énergique, aimé de ses équipages pour sa libéralité, craint pour sa sévérité, sachant tirer parti des captifs chrétiens, qui devenaient ses meilleurs contremaîtres et chefs de chantiers, poussant des renégats italiens dans les emplois de capitaines de galère, de chefs d'escadre, de Beylerbegs, disposant de 10.000 rameurs, esclaves tant sous sa dépendance directe que sous celle de ses subordonnés, très en faveur auprès du sultan, qui lui avait fait l'honneur de l'aller voir dans son arsenal de Top-Hané et de monter à son bord. Tel était l'homme dont on a pu dire, avec une certaine emphase, mais non sans tout fondement, qu'il fut un précurseur de Lesseps.

Mais El-Eudj-Ali fut un précurseur dont l'imagination

ne courut pas longtemps sur les pistes de l'isthme de Suez. Peu de semaines après sa conversation avec lui, Savary de Lancosme, curieux de savoir si les Turcs persistaient dans leur intention, retourna le voir et, à l'issue de cette seconde visite, écrivit à Henri III : « Sire, il n'est rien survenu, sinon le changement d'avis de faire ce canal pour faire entrer le Nil dans la Mer Rouge et, par ce moyen, conduire les galères et armées en ladite mer, et de là en celle des Indes. Je crois que la difficulté ou la trop grande et excessive dépense qu'il eût fallu faire a empêché que le Grand-Seigneur ne se soit laissé aller aux persuasions et moyens que lui en donnaient ses ministres, plutôt poussés de leur profit et espérance de la conservation de leur saint lieu de La Mecque, qu'ils disent être travaillé et tourné par les Portugais, qui ont bâti un port sur le détroit d'Aden, en une île, lieu qui est de grande importance, tant à la conservation des Indes qu'à donner travail et courir toute la Mer Rouge [1]. »

Ainsi le projet de canal de jonction entre le Nil et la Mer Rouge aurait été abandonné parce que les difficultés matérielles et la dépense en seraient apparues plus considérables qu'à première vue. Or les circonstances politiques et militaires du moment détournaient la Turquie, fort occupée d'un autre côté, de se lancer dans une coûteuse entreprise de longue haleine en Égypte et de s'exposer, par l'ombrage qu'elle donnerait aux Espagnols, à accroître leur audace et leur esprit offensif. La guerre contre les Persans causait du souci aux Turcs : une armée chargée, sous Ferhat Pacha, d'aller secourir et débloquer Tauris assiégée, était en mauvaises conditions et n'avait pas encore dépassé Erzeroum. La

---

1. 6 et 20 août 1586. *Négociations de la France dans le Levant.* t. IV, p. 540, textes et notes.

situation conseillait de ne pas éloigner l'escadre et de
diminuer fortement l'ampleur de cette sorte de mouvement tournant par l'Égypte, la Mer Rouge et la Mer des
Indes, dont l'idée grandiose était née du concours que se
prêtaient les uns aux autres les Persans et les Hispano-
Portugais. « Oluchally, Bassa (Pacha) de la mer, écrivait
Lancosme [1], m'avait dit lui-même qu'il y devait aller,
chose que tout le monde tenait certaine. Ils ont seulement
admis d'envoyer lafester Bassa, celui qui maintenant est
admis pour être Bassa de l'Arabie et pour faire faire quelques vaisseaux dans la Mer Rouge, et pour faire ruiner
une forteresse et tenir en bride les Portugais. Ils se sont,
à mon avis, résolus à ce plus facile dessein pour avoir
cette grande guerre de Perse plus allumée et avec aussi
mauvais succès qu'ils eurent jamais, pour le plus grand
nombre d'hommes qui s'y perd et l'extrême dépense qu'ils
y font. »

Quoiqu'il en soit, le projet de canal tomba, si l'on peut
dire, à l'eau. L'isthme de Suez ne s'ouvrit pas, entre le Nil
et la Mer Rouge, pour livrer passage à la flotte turque.
Le pavillon ottoman continua de ne flotter, dans la Mer
Rouge, que sur des navires construits à Suez ou dans les
ports d'Arabie, avec le matériel fourni par le pays ou
importé de Turquie et transporté d'Alexandrie au Caire
par le Nil et du Caire à Suez par le désert, dans des conditions lentes, pénibles et onéreuses, onéreuses autant
pour le trésor du sultan que pour les chameaux et les
ânes. Le Capitan-Pacha en qui l'on peut, à la rigueur, voir
un précurseur du Grand Français mourut, de mort
violente, dans l'année qui suivit ses deux conversations
avec Savary de Lancosme : El-Eudj-Ali disparut le

---

1. 6 et 20 août 1586. *Négociations*, etc... t. IV, p. 540, textes et notes.

27 juin 1587, empoisonné par Sinan Pacha, qui briguait sa succession comme Grand-Amiral, et qui, ayant pris soin de l'ouvrir, la recueillit en effet.

Les archives politiques de Turquie n'ayant jamais ou presque jamais été ouvertes, et la science en étant encore à ignorer dans quelle mesure elles existent, en tant que fonds historique, on ne sait s'il fut jamais plus question, à Constantinople, de l'idée qui avait, un instant, été retenue par Mourad III, son Capitan Pacha et ses autres ministres, jusqu'à ce qu'un Français s'en fît le promoteur auprès du Sultan de la fin du xviii° siècle. En 1778, le célèbre Baron de Tott, gentilhomme d'origine hongroise, devenu Français, employé par le gouvernement de Louis XV à des missions militaires et diplomatiques en Orient et chargé de l'inspection des Echelles du Levant, profita de son passage à Constantinople, en revenant d'Egypte, de Syrie et d'Anatolie, pour conseiller à Mustapha III l'exécution d'un canal reliant la Méditerranée à la Mer Rouge et pour lui remettre, à sa demande, un mémoire sur ce sujet [1]. La brève velléité que Mustapha III aurait eue, au dire de Tott, de s'intéresser à ce travail l'aurait donc, à son insu, ramené sur les traces oubliées et effacées d'un de ses prédécesseurs du xvi° siècle. Mais revenons à Mourad III, à El-Eudj-Ali et à leurs contemporains d'Occident.

Si Henri III n'avait pas eu d'usage à faire de l'intéressant renseignement que Lancosme lui avait transmis sur ses conversations avec le Capitan Pacha, il n'en avait pas été de même d'un autre gouvernement européen, mis en même temps dans la confidence du même projet. Soit directement, soit autrement, l'Ambassadeur ou

---

1. Cf. les *Mémoires du Baron de Tott*, ainsi que nos ouvrages : *Les Origines de l'expédition d'Egypte* ; — *L'Angleterre, l'isthme de Suez et l'Egypte au XVIII° siècle*.

Bayle de Venise à Constantinople, Lorenzo Bernardo,
avait appris les intentions du Sultan, d'El-Eudj-Ali et des
ministres ottomans, touchant la mise en communication
des deux mers, et en avait aussitôt informé la sérénissime
République [1]. Les Espagnols, avait-il écrit au Sénat, ont
fortifié l'île de Geravan (Perim), en face du Royaume
d'Aden, en dépit de la résistance du Chérif. Cet acte
donne du tracas aux Turcs, car la possession de cette île
permettra aux Espagnols de couper court au trafic des
épices entre les Indes et le Caire, ce qui occasionnera la
perte d'un demi-million d'or par an, produit des droits
de douane. La flotte espagnole dans la Mer Rouge va
maintenant être maîtresse du golfe de Suez et la route
du pélerinage de La Mecque cessera d'être sûre. Les Turcs
enfin comprennent qu'ils ont maintenant affaire à un
souverain très puissant sur mer, qui, bien qu'engagé
dans une guerre contre l'Angleterre et les Flandres, a été
capable de porter ce rude coup ; d'où ils concluent que,
pour s'opposer à ses entreprises, ils doivent être en
mesure d'envoyer, eux aussi, de ce côté-là un considé-
rable armement. Donc, « ils sont entrés en opinion qu'il
n'y a pas d'autre remède que de recreuser ce canal qui,
autrefois, avait été fait par les Rois d'Egypte, lequel, partant du port de Damiette sur notre mer Méditerranée,
traversant le pays sur environ 150 milles, passait dans
la Mer Rouge au port de Suez, et par lequel on puisse
commodément et avec facilité conduire des galères de
cette mer à l'autre. D'autres rappellent qu'une voie plus
brève et plus facile consisterait à creuser ce canal du
fleuve Nil vers Suez ; mais à cela aussi il y aurait beau-

1. Cette dépêche de Lorenzo Bernardo et la suivante, du 17 septembre 1586, sont reproduites en anglais dans les *Calendar of State
Papers, Venetian, 1581-91*, nᵒˢ 385 et 409.

coup de difficultés, parce que, outre les raisons qui sont discutées dans des écrits, outre les multiples périls qui seraient causés par cette entreprise et autres impossibilités, il faudrait trop de temps pour exécuter un tel ouvrage [1]. » Mais malgré tous ces obstacles, les Turcs semblent alors décidés à réaliser le projet à tout prix, car, ajoute Lorenzo Bernardo, l'intention de Mourad III est « que cet ancien canal, qui passe de cette mer en l'autre, soit recreusé, que le Bey de Hiemen prenne de bonnes informations auprès de personnes compétentes du pays et commande trois hommes par bourg, à cet effet les exemptant de tout autre prestation. » Le rapport du Bayle de Venise avait donc été concordant avec celui de l'Ambassadeur de France. La même concordance avait également existé entre les avis que l'un et l'autre avaient ensuite donnés à leurs gouvernements, sur le prompt abandon du projet. En septembre 1586, Lorenzo Bernardo avait écrit à Venise : « Le Capitaine de la mer, ayant pris des informations particulières sur l'exécution de ce percement, au moyen duquel on pût transporter la flotte de notre mer dans la Mer Rouge à Suez, a trouvé qu'il y avait d'infinis périls et difficultés à pouvoir l'exécuter, parce que, outre le dommage que cela apporterait au Caire et à tout ce pays, qui est inondé par le Nil, on dit aussi que, par suite des vents, le sable comblerait facilement la tranchée qui serait faite ; en sorte qu'il a complètement mis de côté cette pensée [2]. »

Ce second rapport, annonçant l'abandon du projet, était daté du 17 septembre 1586. Mais avant qu'il parvînt à Venise, la Seigneurie avait fait usage de la précé-

1. Ce passage est cité dans son texte italien original par R. Fulin dans son article cité de *l'Archivio Veneto*.

2. Cité par les *Calendar of State Papers*, n° 409, et par R. Fulin.

dente dépêche de Lorenzo Bernardo, qui était du 28 juillet
1586. Elle en avait transmis la substance à l'Ambassadeur
vénitien à Rome, en le chargeant d'en entretenir le Pape.
C'est le 23 août 1586 qu'elle avait envoyé ses instructions à cet Ambassadeur, Gritti. L'avis lui était, disait-
elle, parvenu « que les Espagnols avaient déjà fortifié
l'île de Geravan (Perim), située à l'embouchure de la
Mer Rouge, en face du Royaume d'Aden et que, pour
cette raison, les affaires des Turcs dans ces parages étaient
en grand péril ; que les Turcs craignaient que la flotte
espagnole, en s'emparant du golfe de Suez, ne pût interdire à leurs pélerins la traversée par mer jusqu'à La Mecque, traversée très facile, tandis que le voyage par terre
était plein de grandes incommodités ; que, dans ces
circonstances extrêmement pressantes, les Turcs se pré-
occupaient des moyens de faire recreuser ce canal, qui
avait été deux fois commencé par les Rois d'Egypte et
qui, du port de Damiette, sur la mer Méditerranée, tra-
versait le pays sur 150 milles jusqu'à la Mer Rouge, au
port de Suez. afin de pouvoir, par ce canal, faire passer
commodément des galères de ces mers-ci dans la mer
Rouge [1]. » Ces renseignements devaient être communi-
qués au pape « dans les conditions habituelles de secret »,
sans qu'on puisse discerner exactement dans quelle
intention, favorable ou défavorable au projet.

Gritti mit un louable empressement à s'acquitter de la
communication dont il était chargé, puisque, dès le
30 août 1586, il adressait au Sénat de Venise la relation
de la conversation qu'il avait eue avec le Pape et à la fin
de laquelle il avait touché le sujet du canal. Promoteur

1. Nous devons à l'aimable entremise du Surintendant des *Archives historiques de Venise* la communication de ces instructions du
Sénat vénitien à Giovanni Gritti, Ambassadeur à Rome.

d'un dessein de ligue chrétienne contre les Turcs, à la réalisation duquel il s'employait auprès des Ambassadeurs accrédités à sa cour, Sixte-Quint observait avec satisfaction les difficultés avec lesquelles l'Empire Ottoman était aux prises, de la part des Persans et des Espagnols, et c'est lui-même qui porta l'entretien sur les nouvelles récemment arrivées de Constantinople. « Sérénissime Prince, mandait Gritti au Sénat vénitien [1], à l'audience d'hier, à peine entrée, Sa Sainteté, dont le visage était très joyeux, me dit qu'Elle avait reçu de Constantinople l'avis que les Persans avaient repris le fort de Tauris, que les différends entre les fils du Persan étaient aplanis, et que le royaume restait à celui des fils qui était à Tauris. Je lui dis que j'avais reçu de Votre Sérénité l'ordre de lui rendre compte de ce que contenaient les lettres de Constantinople du 23 juillet et lui fis connaître la cause pour laquelle le Capitaine de la mer était sorti de Constantinople avec 16 galères, ce qu'il avait fait, et son retour à Constantinople avec ses galères. Je lui racontai ensuite le naufrage qui avait eu lieu dans la mer Majeure de 4 galères et de 30 caraques ; et Sa Sainteté me dit qu'elle avait aussi reçu cet avis et, de plus, que le Capitaine de la mer était allé dans la mer Majeure, ou par suite de ce naufrage, ou pour une autre raison. J'ajoutai que Votre Sérénité savait seulement, sur les choses de Perse, que Ferat Bassa progressait dans son voyage, qu'il manquait en route de beaucoup de choses, mais que l'on espérait qu'il souffrirait encore davantage, à cause de la mauvaise récolte. « Nous savons, dit le Pon-

1. La fin seulement de cette dépêche de Gritti au Sénat vénitien avait été publiée par Carlo Bullo et R. Fulin. Le texte que nous publions ici nous a été aimablement communiqué par le Surintendant des *Archives historiques de Venise*.

« tife, que le Bassa marche très lentement et avec une
« grande circonspection. » Je lui communiquai ensuite
les nouvelles de la Mer Rouge avec tout ce que contenaient les lettres publiques. Lorsque j'eus fini, Sa Sainteté me dit : « Un peu d'argent, un peu d'argent, Mon-
« sieur l'Ambassadeur ! Oh, si nous récoltions un peu
« d'argent, nous pourrions faire de grandes choses en
« Egypte ! Nous ne désirons pas l'argent pour le donner
« à d'autres, ni pour le donner aux nôtres ; mais nous
« voudrions réunir une armée et l'envoyer en Egypte.
« Nous voudrions la constituer nous-même ; nous ne
« voudrions pas de ligue, parce que *unus princeps*, sinon
« on n'est jamais prêt : vous en avez vous-même fait
« l'expérience. Nous voulons payer tous ceux qui nous
« serviront avec leurs galères : celles d'Espagne, Gênes,
« Savoie, Florence, Malte, et celles de Sicile. Soixante-
« dix ou quatre-vingts galères bien armées nous suffi-
« raient avant qu'il y eût une armée de Turcs dehors.
« Et avec cela nous avons dessein d'aller à Alexandrie,
« de nous en emparer, d'y faire une forteresse et de nous
« assurer la domination de ce pays. Mais il nous faut de
« l'argent ! » Je répondis : « Très Saint Père, ce sera une
grande et belle entreprise, mais il faudra avoir pour nous
le peuple et le chef principal de la nation, et avoir ensuite le moyen de la secourir. » — « Les peuples, dit le
« Pape, en leur donnant 200.000 écus, nous les achète-
« rions et les ferions chrétiens ; nous aurions l'aide des
« Arabes, qui sont ennemis des Turcs, et, avec les Espa-
« gnols d'un côté de la Mer Rouge et nous de l'autre
« côté, nous pourrions atteindre notre but. Mais il faut
« de l'argent : c'est à quoi il faut s'employer. Ayons un
« grand courage ! » Il ajouta : « Mais il est étrange que
« nous n'ayons d'Espagne aucune nouvelle de ce qui se

« passe dans la Mer Rouge. » Je lui dis que ces nouvelles, on les avait de Constantinople et que, dans cette capitale, était arrivé un Sandjak, qui avait apporté la nouvelle et demandé du secours. Sa Sainteté ajouta, quant au fossé qui devrait conduire de la mer Méditerranée dans la Mer Rouge, que les Rois d'Egypte en avaient voulu faire l'essai, mais que cet essai n'avait pas réussi pour deux raisons : d'abord, parce que la Mer Rouge est plus élevée que l'Egypte, et ensuite parce que l'eau de la Mer Rouge aurait rendu salée l'eau du Nil, seule eau douce qui reste à toute l'Egypte. » Après cette observation du Pape, la conversation passa à d'autres sujets.

Sixte-Quint, en août 1586, songeait donc à diriger contre l'Egypte, pour s'en emparer après s'être établi à Alexandrie, une expédition militaire et navale, dont lui-même eût assumé l'organisation et pour laquelle il quémandait des galères à tous les états maritimes de la Méditerranée, en même temps qu'il implorait des fonds, sur un ton de mendicité qui ne laisse pas d'être assez plaisant : « Un peu d'argent, un peu d'argent, Monsieur l'Ambassadeur ! » Grâce aux embarras que créaient à la Turquie la guerre contre la Perse et la présence des Espagnols dans la Mer Rouge, il croyait que la réalisation de son désir, auquel eussent peut-être surgi d'autres obstacles, ne tenait qu'à une question de gros sous, pour affréter des navires ; et de là son refrain, contre-partie du « sans dot » de Molière : « il faut de l'argent ». Mais de son dessein restait exclu le projet qui avait hanté un instant l'esprit des Turcs : celui de rouvrir un canal entre la Méditerranée et la Mer Rouge, ou entre la Mer Rouge et le Nil. Ce projet, il le jugeait irréalisable et l'excluait en invoquant deux objections : le danger de corrompre l'eau du Nil par le mélange avec l'eau salée

de la mer ; la prétendue supériorité du niveau de la Mer
Rouge par rapport à celui de l'Egypte. La seconde de ces
objections se confond, en somme, avec la fameuse
« inégalité du niveau des deux mers », erreur qui était
appelée à jouer un grand rôle dans l'histoire du canal et à
s'imposer même à de savants ingénieurs, comme ceux
qui ont accompagné Bonaparte en Egypte, et au chef de
leur équipe, Lepère. Cette erreur avait, comme on le
voit, de lointaines origines dans une tradition qui avait
cours au xvie siècle et à laquelle Sixte-Quint ajoutait foi.
Gritti, qui n'était du reste chargé de rien d'autre que
de le mettre au courant des nouvelles transmises par
Lorenzo Bernardo, ne discuta pas les théories scien-
tifiques du Saint-Père ; et comme, à peu de temps de
là, le second rapport de Lorenzo Bernardo, celui du
17 septembre 1586, apprit au Sénat de Venise que
les Turcs avaient d'eux-mêmes renoncé à leur éphémère projet, il n'en fut plus question entre l'Ambassadeur vénitien et le Pape.

Mais la conversation qu'ils avaient eue ensemble à la
fin d'août 1586 était destinée à engendrer, bien des siècles
après, une curieuse erreur historique. L'historien alle-
mand Léopold Ranke [1], écrivant sa remarquable *Histoire
de la Papauté*, vers 1835, mentionnait parmi les châteaux
en Espagne (*Luftschlösser*), qui avaient occupé l'imagination de Sixte-Quint, la jonction de la Mer Rouge avec la
Méditerranée (*die Verbindung des Rothen Meeres mit dem
Mittelländischen*). En note à ces derniers mots, la traduction française de son livre portait comme référence :
« dépêche Gritti, 33 août 1587 ». Mais la quatrième édi-
tion de son texte original, parue en 1856, ajoutait à cette

---

1. L. Ranke. *Histoire de la Papauté*, traduite par J.-B. Haiber. Paris,
Debécourt, 1838, t. III, p. 246, n. 1.

référence l'annotation suivante, beaucoup plus explicite :
« Le Pape se mit à parler de la fosse que les Rois d'Egypte
avaient faite pour passer de la Mer Rouge dans la mer
Méditerranée [1]. » On peut, par le récit qui précède, juger
maintenant de ce qu'il y a de vrai, dans l'assertion de
Ranke, que la jonction de la Mer Rouge à la Méditerranée
aurait été au nombre des châteaux en Espagne, où se
serait complu l'esprit de Sixte-Quint. Elle ne correspond
pas à la réalité ; et l'inexactitude de Ranke ne peut s'expli-
quer qu'en admettant qu'il a été induit en erreur par une
note mal prise, comme le donne du reste à penser la date
fausse de la dépêche de Gritti (23 août 1587 au lieu de
30 août 1586), citée par lui. Il a manifestement fait une
salade — si l'on nous passe ce mot, — des communications échangées, à ce sujet, entre Lorenzo Bernardo, le
Sénat de Venise et Gritti, et confondu notamment la
dépêche du Sénat à Gritti, en date du 23 août 1586, avec
celle de Gritti au Sénat, en date du 30. Ainsi a-t-il été conduit à attribuer au Pape une idée sur laquelle Sixte-
Quint s'est borné au contraire à émettre une opinion
négative. Tout aussi inexacte est d'ailleurs une autre
conclusion, parfois tirée de ces correspondances, d'après
laquelle la République de Venise aurait alors « *proposé* »
au Pape le percement de l'isthme de Suez. La dépêche du
Sénat ne lui a nullement proposé ce projet : elle s'est
limitée à lui en faire part, comme d'un projet alors
caressé à Constantinople. Et les Turcs sont, en définitive,
les seuls auxquels les documents connus permettent
d'attribuer, à ce moment-là, l'idée de creuser un canal
de jonction entre les deux mers.

Pourtant, sur la foi d'une autorité aussi sérieuse que

---

1. L. Ranke. *Die Römischen Päpste*. Berlin, 1856, t. II, p. 199, n. 1.

Ranke, l'erreur qu'il avait accréditée fit son chemin. Comment n'eût-elle pas parlé à l'imagination ? Un Pape de la Renaissance, originaire de Dalmatie, né sujet vénitien, tourmenté de l'idée de ramener le trafic de l'Inde à sa voie primitive, d'accomplir un travail qui n'a pu l'être que dans la seconde moitié du xixe siècle, de percer l'isthme de Suez, et sollicitant pour ce grand œuvre le concours de Venise, sa patrie : quel beau sujet de rêverie et de développements, sur la brève référence d'un historien de la Papauté ! Aussi plus d'un érudit, écrivant après lui, et notamment les écrivains — peu nombreux du reste, — qui sont remontés aux origines du canal de Suez, n'ont-ils pas manqué de rappeler le prétendu rêve de Sixte-Quint et de le mentionner parmi les « *précédents* » de l'entreprise du Grand-Français. Sans doute un savant article d'un érudit vénitien, paru en 1870 dans la revue l'*Archivio Veneto*, avait-il réduit ce précédent à néant. Mais qui va dénicher, dans la collection d'une revue ayant cessé de paraître, un article dont le titre n'indiquait même pas précisément qu'il eût trait à ce problème historique ? L'article passa donc inaperçu du plus grand nombre et la légende continua de courir. Entre autres, mon père, dans son grand ouvrage sur *L'isthme et le canal de Suez*, écrivit à son tour [1] : « De 1585 à 1590, on vit le Pape Sixte-Quint se faire un des promoteurs de cette idée (la liberté du transit par la Mer Rouge), en s'associant au mouvement d'opinion qui se manifesta à cette époque parmi les nations chrétiennes en faveur d'une ligue contre les Turcs, dans le but de résoudre l'obsédante question de la jonction des deux mers. Sixte-Quint voyait dans cette solution un moyen d'écourter le

---

1. *L'isthme et le canal de Suez*, par J. Charles-Roux, t. I, p. 47.

voyage des missionnaires catholiques d'Extrême-Orient. »
Et, lorsqu'il en vient à rendre compte du projet d'El-
Eudj-Ali, le même auteur a soin de rappeler que le Capitan Pacha était né en Calabre, vers 1508, « précisément
dans l'Italie de Sixte-Quint ». C'est moins afin de vérifier
un fait tenu par moi pour hors de contestation, qu'afin
de le documenter et l'étayer de nouvelles preuves, que
j'entrepris des recherches sur ce sujet. Elles me prouvè-
rent d'abord que la correspondance de Sixte-Quint avec
ses Nonces, spécialement avec son Nonce à Venise, était
muette sur le percement du canal de Suez ; ensuite, quand
je les continuai par les documents vénitiens, que tout se
réduisait à une unique conversation de Gritti avec le
Pape, sur un thème fourni par une initiative turque,
dont Lorenzo Bernardo avait rendu compte au Sénat de
Venise, comme Savary de Lancosme à Henri III. Il m'ap-
parut alors que cette initiative gagnerait à être replacée
dans le cadre des rvialités politiques et économiques qui
l'avaient fait naître et insérée dans la série des projets,
ou plutôt des velléités, dont l'isthme de Suez fit l'objet
au cours du XVIe siècle. Cette série, pour brève et clair-
semée qu'elle soit, conduit celui qui la parcourt à faire
l'assemblage le plus hétéroclite qui soit d'états et de
princes : le Grand Turc, la République de Venise, le
Pape, le Roi Très-Chrétien, le Roi Catholique. C'est
l'image même de la diversité des intérêts éveillés par la
langue de terre, où s'est installée depuis une compagnie
si bien dénommée « universelle ».

F. CHARLES-ROUX.

www.ingramcontent.com/pod-product-compliance
Lightning Source LLC
LaVergne TN
LVHW050648060726
842527LV00004B/1540